KB268325

오직 여호와의 율법을 즐거워하여 그 율법을 주야로 묵상하는 자로다.
저는 시냇가에 심은 나무가 시절을 좇아 과실을 맺으며 그 잎사귀가
마르지 아니함 같으니 그 행사가 다 형통하리로다.　　　(시편 1:2-3)

복 있는 사람
오직 여호와의 율법을 즐거워하여 그 율법을 주야로 묵상하는 자로다.
저는 시냇가에 심은 나무가 시절을 좇아 과실을 맺으며 그 잎사귀가
마르지 아니함 같으니 그 행사가 다 형통하리로다.　　　(시편 1:2-3)

단순하게 설교하라

J. C. Ryle

Simplicity in Preaching

단순하게 설교하라

J. C. 라일 지음 | 장호준 옮김

복 있는 사람

단순하게 설교하라

2012년 6월 25일 초판 1쇄 발행
2013년 11월 5일 초판 4쇄 발행
지은이 J. C. 라일
옮긴이 장호준
펴낸이 박종현
도서출판 복 있는 사람
서울특별시 마포구 연남동 246-21
Tel 723-7183 | Fax 723-7184
blesspjh@hanmail.net
영업 마케팅 723-7734
등록 1998년 1월 19일 제1-2280호

ISBN 978-89-6360-088-8

Simplicity in Preaching
by J. C. Ryle

차례

전도서에서 솔로몬 왕은 "많은 책들을 짓는 것은 끝이 없"다고 합니다(전 12:12). 설교만큼 이 말이 꼭 들어맞는 분야도 없을 것입니다. 설교를 어떻게 해야 할지를 다루는 책들만 모아도 웬만한 도서관 하나쯤은 만들 수 있을 것입니다. 그럼에도 제가 여기에 또 다른 짧은 글을 덧붙이려고 하는 이유가 있습니다. 설교의 본질이나 중심성을 다루려고 하는 것은 아닙니다. 진지함, 열정, 활력, 온화함 같은 설교의 태도를 말하고자 하는 것도 아닙니다. 미리 글로 써 보는 설교, 예화를 곁들인 설교의 유익을 논하고자 함도 아닙니다. 그 중요성에 비해 이제까지 부적절하게 간과되어 온 부분이 있기 때문입니다. 바로 설교 용어와 문체의 단순성입니다.

제 경험이 도움이 된다면, 설교의 "단순성"에 대해 여러분에게 몇 가지 중요한 점들을 말씀드리고자 합니다.

저는 45년 진에 설교를 시작했습니다. 제가 처음으로 설교를 시작한 곳은 가난한 시골의 한 교구였습니다. 제가 목양하는 교구민들은 대부분 노동자와 농민들이었습니다. 이런 청중에게 설교하는 것이 얼마나 어려운지 저는 압니다. 한 가지 개념을 이해시키고 주의를 이끌어 내는 것은 여간 어려운 일이 아닙니다. 설교에 사용하는 용어와 문체만 가지고 말한다면, 오뉴월 한낮의 뙤약볕 아래 농부들에게 설교하기보다 차라리 옥스퍼드대학이나 캠브리지대학, 템플 법학원이나 링컨스인 법학원, 의회에서 설교하는 편이 더 나을 것입니다. 한 농부가 자신은 주중의 어느 날보다 일요일을 즐긴다고 말한 적이 있습니다. 그 이유는 "교회당에서 다리를 꼬고 앉아 아무 생각 없이 잠을 청할 수 있기 때문"이라는 것입니다. 목회에 들어선 여러분 가운데

언젠가 제가 섬겼던 것과 같은 회중 앞에서 설교해야 할 사람이 있을 것입니다. 그때 제 경험이 도움과 유익이 될 수 있기를 바랍니다.

1장

단순한 설교의 중요성

이 주제에 대한 도입으로 먼저 언급할 네 가지 사실이 있습니다.

1. 자신이 섬기는 영혼들에게 유익한 설교자가 되기를 바라는 모든 목사는, 설교의 단순성을 회복하는 것이 얼마나 중요한지 알아야 합니다.

단순한 설교를 하지 않으면 회중은 설교를 이해하지 못합니다. 회중이 설교를 이해하지 못하면 설교는 아무런 유익을 끼치지 못합니다. "청중이 자신의 말을 이해하기를 바라지 않는 사람은 외면당하는 것이 마땅하다"는 퀸틸리아누스Quintilianus의 말이 옳습니다. 물론 목사의 첫 번째 목적은 온전한 진리를 설교하는 것입니다. "예수님 안에 있는 진리" 말입니다. 하지만 진리를 설교한다는 전제하에 다음으로 염두에 두어야 할 중요한 목적은, 청중이 이해하는 설교를 하는 것입니다. 단순하게 설교하지 않으면 대부분의 청중은 설교를 이해하지 못합니다.

2. 설교의 단순성을 회복하는 일은 결코 간단치가 않습니다.

많은 사람들이 이 일을 너무 가볍게 생각하는 것이 큰 문제입니다. 어셔Usher 대주교의 말을 빌리면 이렇습니다. "어려운 주제를 어렵게 말하는 것은 누구나 할 수 있다. 하지만 어려운 주제를 이해하기 쉽게 말하는 사람은 극히 드물다." 지혜롭고 탁월한 청교도 리처드 백스터Richard Baxter가 약 이백 년 전에 한 말을 들어 보십시오. "많은 설교자들이 청중의 가슴이 아닌 그들의 머리 위로 화살을 날려 보내고 있다." 오늘날도 마찬가지입니다! 우리의 설교가 그리스어로 된 것인 양 청중에게 제대로 전달되지 않고 있습니다. 단순한 설교를 듣거나 소책자를 읽은 사람들은 대부분 "이 말이 정말 맞다! 얼마나 명확하고 이해하기 쉬운지!"라고 감탄합니다. 그러고는 이런 단순한 글은 누구라도 쓸 수 있을 것이라고 생각합니다. 하지만 단순하고 확실하고 명쾌하고 설득력 있는 언어를 구사하기란 너무나 어렵습니다. 클래펌의 찰스 브래들리Charles Bradley의 설교를 보십시오. 정말 아름답습니다. 물 흐르듯 자연스럽고 단순해서 읽는 사람은 누구나 그 의미를 대낮처럼 밝히 이해합니다. 용어 선택도 적절하고 단어의 배열도 훌륭합니다. 그러나 그의 설교가 단순하다고 해서 그가 설교에 들인 수고가 덜한 것은 아닙니다. 그는 단순하게 설교하기 위해서 엄청난 노력을 기울였습니다. 우리의 상상을 초월합니다. 올리버 골드스미스Oliver Goldsmith의 「웨이크필드의 목사*The Vicar of Wakefield*」를 주의 깊게 읽은 사람들은 그가 사용한 용어와 문체가 얼마나 쉽고 자연스러운지 단번에 알아차립니다. 하지만 그런 설교를 하기 위해 그가 감내한 고통과 수고와 노력은 어마

어마합니다. 시간에 쫓겨 단 며칠 만에 허겁지겁 작성된 새뮤얼 존슨Samuel Johnson의 「라셀라스 *The History of Rasselas, Prince of Abissinia*」와 비교해 보면 명확한 차이를 알 수 있습니다. 사실 만연체 문장과 현학적인 표현들을 사용하여 회중이 "와, 정말 섬세하고 박식하고 훌륭한 설교였어!"라고 감탄하며 돌아가도록 만들기는 어렵지 않습니다. 하지만 정곡을 찌르는 설교, 청중이 듣기 쉽고 오래 기억하는 설교를 하기란 아주 고된 일입니다. 여간해서는 해내기가 어렵습니다.

3. 단순한 설교는 유치하고 수준 미달의 설교가 아닙니다. 그렇게 생각했다면 여러분이 오해한 것입니다. 청중이 설교자가 자신들을 무지한 무리로 보고 그들에게 단단한 음식이 아닌 "어린아이"가 먹는 음식만 준다고 생각한다면 무슨 설교를 해도 제대로 받아들일 리가 없습니다. 자기를 "얕보는 설교"를 좋아할 사람은 없습니다. 우리가 그들을 바로 대하지 않고 열등한 사람 취급한다고 여길 것입니다. 사람은 본성적으로 그런 대접 받기

를 싫어합니다. 그런 생각이 드는 즉시 심한 모욕감을 느끼기 마련입니다. 몸을 뒤로 기댄 채 딴청을 피우기 시작합니다. 이들에게 하는 설교는 허공에 대고 외치는 소리일 뿐입니다.

4. 단순한 설교가 저속하고 통속적인 설교를 말하는 것도 아닙니다.

단순하게 설교하면서도 정중함과 품위를 지킬 수 있습니다. 제대로 교육받지 못한 사람들은, 자신들과 똑같이 많이 배우지 못한 사람이 품위 없이 설교하는 것을 선호한다고 생각한다면 큰 오산입니다. 라틴어나 그리스어는 모르고 모국어로 된 성경만 보는 평신도가 옥스퍼드대학이나 캠브리지대학의 수석 합격자들(이들이 어떻게 설교하는지 안다는 전제하에서)보다 이런 설교를 더 잘 받아들일 것이라 생각한다면, 그것은 큰 착각입니다. 대체로 사람들은 거칠고 통속적인 설교 외에 다른 설교를 들을 수 없을 때만 그런 설교를 용인합니다.

2장
단순한 설교를 위한 지침

지금까지는 서론 격으로 단순한 설교에 관한 오해를 불식시키기 위해 몇 가지 사실을 언급했습니다. 지금부터는 설교의 단순성을 회복하기 위해 필요한 몇 가지 지침을 살펴보겠습니다.

1. 단순한 설교를 하기 위해서는 먼저 설교자가 설교하려는 주제에 대해 분명히 이해하고 있어야 합니다.

이는 우리가 특별히 주목해야 할 사실입니다. 앞으로 언급할 다섯 가지 지침들 가운데 이것이 가장 중요합니다. 설교자는 자신이 완전히 이해하고 있는 본문을 택해야 합니다. 그 본문을 통해 증거하고 가르치고 확증

하고 촉구하고자 하는 것이 무엇인지를 분명히 해야 합니다. 설교자가 막연한 상태로 설교를 시작하면 회중도 끝까지 캄캄한 무지 상태에서 벗어나지 못합니다. 고대의 가장 뛰어난 웅변가 중 한 사람인 키케로Cicero는 "자신이 제대로 이해하지 못한 주제를 명확히 전달할 수 있는 사람은 없다"고 말했습니다. 옳은 말입니다. 웨이틀리Whately 대주교는 인간의 본성을 명민하게 간파한 사람이었습니다. 대부분의 설교자들에 대해 그는 이렇게 말했습니다. "이들은 설교를 통해 이루고자 하는 목적이 없기 때문에 아무것도 이루지 못한다. 미지의 섬에 도착한 사람처럼, 오지를 탐험하러 나선 사람처럼 이들은 무지한 채로 설교를 시작하고 무지한 채로 설교를 끝맺는다."

특히 젊은 목회자 여러분, 이 첫 번째 지침을 잊지 마십시오. 좀 더 강조하면, "설교하려는 주제를 완전히 이해하도록 하십시오. 무엇을 말하는지 알지 못하는 본문을 택해서는 안 됩니다." 아직 성취되지 않은 많은 상징과 예언들로 가득한 본문을 택하지 않도록 하십시오.

회중에게 계속해서 요한계시록에 나오는 인印이나 대접, 나팔 같은 것을 설교하지 않도록 하십시오. 에스겔 성전이나 예정이나 자유 의지나 하나님의 영원하신 목적 같은 것도 마찬가지입니다. 계속 이런 주제를 붙들고 설교하면서 자신의 설교가 단순해지기를 기대하는 것은 어리석은 일입니다. 이런 주제들을 무시하라는 말이 아닙니다. 이런 주제들도 다루어야 할 때가 있고, 또 그런 설교를 들어야 할 청중이 있습니다. 다만 아주 심오해서 지혜로운 그리스도인들 사이에도 의견이 갈리는 내용을 다루면서 단순명료한 설교를 하기는 어렵다는 것입니다. 단순명료한 설교를 하기 위해서는 자신이 설교하는 주제를 분명히 알고 있어야 합니다. 하나님의 말씀에는 앞에 언급한 난해한 주제 외에도 명확하고 분명한 주제가 얼마든지 있습니다.

같은 이유로, 사람들에게 "불필요한 상상력을 불러일으키는 주제"를 다루거나 이른바 "영적인 유추"를 통해 성령께서 본문을 통해 전혀 의도하지 않은 의미를 끄집어내지 않도록 하십시오. 영혼의 건강을 위해서는 성경이 분명히 가르치고 있는 주제들만으로 충분합니다. 치과의사가 턱에서 이 하나를 빼내듯이 성경에서 한 구절만을 빼내서도 안 됩니다. 영감 받은 말씀이 있으면 그 말씀의 명백한 의미 외에 다른 특별한 것을 도출해 낼 필요가 없습니다. 그렇게 하면 기발하고 천재적인 설교로 들릴 수는 있습니다. 회중이 "야, 정말 말씀을 쪼개는 데는 우리 목사님만 한 사람이 없을 거야"라고 하면서 돌아갈 수도 있습니다. 하지만 자세히 들여다보면 본문과 전혀 상관없는 해석과 적용일 수 있습니다. 회중이 성경을 오해할 수도 있습니다. 회중에게 성경은 스스로의 능력으로는 이해할 수 없는 심오한 책이라는 인식을 심어 줄 수 있습니다. 단순명료한 설교를 하고자 한다면 본문을 이런 식으로 해석하지 않도록 조심하십시오.

"영적인 유추"가 무엇을 의미하는지 분명히 하기 위해 한 가지 예를 들겠습니다. 북부 지방의 한 도시에서 독특한 설교로 명성이 자자한 한 설교자가 말씀을 전한 기억이 납니다. "궁핍한 자는 거제를 드릴 때에 썩지 아니하는 나무를 택하고"라는 이사야 40:20을 읽은 후 그는 이렇게 말했습니다. "여기, 스스로는 도무지 아무것도 할 수 없는 본질상 궁핍하고 가난한 한 사람이 있습니다. 그는 너무도 가난해서 자기 영혼의 속죄를 위해 드릴 것이 하나도 없는 사람이었습니다. 성경은 이런 사람이 어떻게 해야 한다고 말씀합니까? 썩지 않은 나무를 택하라고 합니다. 이 나무는 바로 우리 주 예수 그리스도의 십자가입니다."

또 한 번은 신자 안에 남아 있는 죄의 교리를 설교하기 위해 요셉과 그의 형제들에 관한 본문을 택했습니다. "너희 아버지 너희가 말하던 그 노인이 안녕하시냐 아직도 생존해 계시느냐"는 말씀을 읽는 후에(창 43:27), 이 말씀으로부터 신자 안에 남아 있는 본성의 부패를 이끌어 냈습니다. 물론 교리적으로는 다 맞는 말입니다. 하지만 이 본문이 말하는 바는 아닙니다. 특히 젊은 목회자들은 이 부분에 조심하십시오. 인간 본성 안에 남아 있는 부패나 십자가에 못 박히신 그리스도에 대해 설교하고자 한다면, 직접적으로 이 주제를 다루는 본문을 놔두고 굳이 먼 데 있는 본문을 택할 이유가 어디 있습니까? 자신이 다루는 주제와 관련해 단순명료한 설교를 하고자 한다면, 거기에 맞은 본문을 택하십시오!

더욱이, 자신이 설교하려는 주제를 제대로 이해해서 단순명료한 설교를 할 수 있는 토대를 마련하고자 하는 사람은, 설교를 세분화해서 회중이 그것을 분명히 알도록 해야 합니다. 이렇게 한다고 회중이 따분해 하지 않습니다. "첫째, 둘째, 셋째"를 짚어 가며 설교하는 것을 사람들이 끔찍이 싫어한다는 사실을 저도 잘 압니다. 이런 설교가 구식인 것도 잘 압니다. 물론 그렇게 나누기만 할 뿐 비논리적이고 따분하고 지루한 설교보다는, 나누지 않고 한 덩어리로 생명력 있게 전하는 설교가 훨씬 나은 것도 사실입니다. 요지를 구분하지 않고도 설교를 생명력 있게 전개해 갈 수 있는 사람이라면 굳이 그렇게 하지 않아도 됩니다. 하지만 그렇다고 요지를 나누어 설교하는 동료 설교자를 무시할 필요는 없습니다. 제가 말하고자 하는 핵심은 요지를 구분하느냐

구분하지 않느냐가 아닙니다. 설교를 단순명료하게 하고 싶다면 군대와 같이 설교에도 질서와 체계를 세워야 한다는 말입니다. 지략에 뛰어난 장군이라면 포병과 보병, 기병을 마구잡이로 섞어서 전투에 내보내지 않을 것입니다. 만찬을 여는 사람치고 수프, 생선, 앙트레(주요리 앞에 나오는 요리—편집자), 고기, 샐러드, 푸딩, 디저트 등을 한꺼번에 내놓을 사람은 없지 않겠습니까? 이런 사람을 보고 만찬을 잘 준비했다고 하지 못할 것입니다. 설교도 마찬가지입니다. 설교에는 반드시 질서와 체계가 있어야 합니다. 설교를 몇 개의 요지로 나눌 것인지, 요지로 나눈다면 그것을 언급할 것인지 아니면 언급하지 않고 자연스럽게 다음 요지로 넘어갈 것인지를 고려해 봐야 합니다. 이렇게 함으로써 설교자가 말하고자 하는 요지와 부연설명들이 아름답게 이어지고 서로 조화를 이루면서 정점을 향해 갑니다. 한 연대가 사열하는 날에 윈저 공원에서 여왕 앞을 질서 있게 행진하는 것처럼 말입니다.

제 경우를 예로 들면, 제 일생에 요지를 나누지 않고

한 설교는 두 편이 채 되지 않을 것입니다. 회중이 설교자가 말하는 바를 깨닫고 기억하고 실천하도록 하는 것이 설교의 주 목적인데, 이를 위해서는 요지를 나눈 설교가 큰 도움이 됩니다. 설교에서 요지는 회중의 마음이라는 저장고에 설교 내용을 가지런히 정돈시키는 데 필요한 갈고리와 쐐기와 선반과 같습니다. 성공적인 설교자로 정평이 난 사람들의 설교를 연구해 보면, 거기에는 항상 체계가 있고 요지가 일목요연하게 나눠져 있습니다. 저는 찰스 스펄전Charles Spurgeon의 설교를 자주 읽습니다. 그의 설교 구석구석에서 설교에 필요한 힌트를 얻습니다. 골리앗을 물리친 다윗은 골리앗의 칼을 누가 만들었지, 어떤 대장장이가 어떻게 연마했는지를 묻지 않았습니다. 그저 "이와 같은 것이 없도다"라고 했을 뿐입니다. 그 검으로 그 검 주인의 목을 베어 보았기 때문입니다. 스펄전은 설교에 가장 능한 사람입니다. 엄청나게 많은 회중이 그의 설교를 듣기 위해 나아오지 않았습니까? 우리는 항상 사람들을 불러 모으는 설교들을 잘 연구하고 살펴봐야 합니다. 스펄전의 설교를 보십시오. 얼마나 분명하고 알기 쉽게 설교를 나누는 지요. 그렇게 나눈 요지마다 아름답고 명료한 생각들이 알알이 박혀 있습니다. 이를 통해 청중은 그가 말하고자 하는 바를 그대로 전달받습니다. 그렇게 전달된 진리는 우리 마음에 단단히 박힌 갈고리처럼 오랫동안 기억됩니다!

1. 제가 말하고자 하는 첫 번째 힌트는, 단순명료한 설교를 위해서는 설교를 통해 말하고자 하는 주제를 제대로 파악해야 한다는 것입니다.

자신이 그렇게 하고 있는지를 알기 위해서는 그것을 요지로 구분해서 정리해 보면 압니다. 저는 목회를 시작한 순간부터 지금까지 그렇게 해왔습니다. 지난 45년 동안 요지를 따라 설교를 작성했습니다. 어떤 본문이 와 닿으면 즉시 그 본문을 살펴보고 그것을 정리했습니다. 요지로 나눠지지 않는 성경 본문을 가지고는 한 번도 설교하지 않았습니다. 그런 상태에서는 단순명료한 설교를 할 수 없기 때문입니다. 단순명료하지 않은 설교는 아예 하지 않는 것이 낫습니다.

2. 제가 드릴 두 번째 힌트는, 자신이 하는 모든 설교에서 가능한 한 가장 단순한 용어를 사용하라는 것입니다. 하지만 이 부분과 관련하여 먼저 설명해야 할 것이 있습니다. 단순한 용어를 사용한다고 할 때, 이 말은 문자 그대로 한두 음절로 된 단어만을 사용해야 한다는 뜻이 아닙니다. 이는 또한 색슨 계통의 영어를 사용하느냐 사용하지 않느냐의 문제도 아닙니다. 대중이 일상에서 쓰고 이해할 수 있다면 괜찮습니다. 많이 못 배운 사람들이 열등감을 느끼며 "사전"을 찾아봐야 알 수 있는 단어는 사용하지 않도록 하십시오. 이를테면 추상적인 단어나 전문용어나 현학적인 표현이나 이해하기 어려운 말이나 모호한 말이나 긴 단어는 가급적 사용하지 마십시오. 세련되고 유식하게 들릴지 몰라도 설교를 전달하는 데는 별로 도움이 되지 않습니다. 설교에서는 대개 단순하고 간단한 말이 가장 유용하고 강력합니다.

단순한 설교를 위해서 항상 색슨 계통의 영어만을 써야 한다고 주장하는 사람들이 있습니다. 이 또한 잘못된 태도입니다. 단순한 문체를 즐기기로 유명한 작가들이 쓰는 단어들을 보면 대부분 색슨 계통이 아닌 다른 어원을 가진 말들입니다. 존 번연John Bunyan의 불멸의 작품인 「천로역정 *The Pilgrim's Progress*」을 예로 들 수 있습니다. 제목의 두 단어 모두 색슨 계통의 어원이 아닙니다. 그렇다고 색슨 계통의 어원을 가진 말로 바꾸어 '나그네의 발걸음The Wayfarer's Walk'이라고 하는 게 더 나을까요? 하지만 어쨌든 단순한 용어를 위해서는 일반적으로 불어나 라틴어 계통의 어원을 가진 단어보다는 색슨 계통의 어원을 가진 단어가 용이한 것은 사실이기 때문에, 가급적이면 색슨 계통의 어원을 가진 단어를 쓸 것을 권합니다. 다시 말하지만 색슨 계통의 단어만이 단순명료한 설교를 위해 적합하다는 뜻은 아닙니다. 그만큼 긴 단어를 쓰지 않도록 주의해야 한다는 말입니다.

「우리의 설교*Our Sermons*」라는 책은 긴 단어와 표현이 일상에 얼마나 부적절한지를 잘 지적하고 있습니다. "'행복'이라는 말을 쓸 때 felicity보다는 happiness를 쓰라. '전능한'이라고 할 때도 omnipotent보다는 almighty가 낫다. '금지된'이라는 말을 위해서는 proscribed보다는 forbidden이, '미워하는'이라는 말을 위해서는 noxious보다는 hateful이, '나중에'라는 말을 위해서는 subsequently보다는 afterwards가, '일깨우다'는 말을 위해서는 evoke나 educe보다는 call out이나 draw가 더 낫다"고 합니다. 설교자인 우리는 이런 부분에 항상 깨어서 의식적으로 단순명료한 말을 쓰려고 해야 합니다. 옥스퍼드대학이나 캠브리지대학의 학생들이나 학문을 깊이 연마한 사람들 앞이라면 다소 어려운 말을 해도 괜찮습니다. 하지만 평범한 사람들로 구성된 회중 앞이라면 이런 영어는 배 밖으로 던져버리고 단순명료한 말만을 쓰기로 다짐해야 합니다. 한 가지 분명한 사실은, 단순명료한 말을 쓰지 않는 한 단순명료한 설교를 할 수 없다는 것입니다.

3. 단순명료한 설교를 위해서는 문체 또한 단순명료해야 합니다.

탁월하고 위대한 설교자인 토머스 차머스Thomas Chalmers의 설교문을 보면 거의 예외 없이 긴 문장들로 이루어져 있습니다. 단순명료한 설교를 위해서는 크게 잘못된 부분입니다. 스코틀랜드에서는 그렇게 해야 했을지 모르겠습니다. 하지만 영국에서는 아닙니다. 간명한 문체의 설교문을 위해서는 문장 또한 단순해야 합니다. 긴 문장들을 쓰면서 간명한 문체를 기대하기는 어렵습니다. 한 문장 한 문장을 따라가는 청중의 지각이 숨을 쉴 수 있도록 해줘야 합니다. 열거부호를 사용하지 않도록 하십시오. 쉼표와 마침표로 족합니다. 여러분이 천식 환자나 호흡이 짧은 사람이 된 것처럼 자주 쉬십시오. 도무지 숨을 쉴 여지를 주지 않는 긴 문장은 사용하지 않도록 항상 신경을 써야 합니다. 긴 문장, 긴 단락의 설교문을 작성하지 않도록 하십시오. 마침표를 많이 사용하십시오. 그렇게 할수록 더 단순한 설교문을 작성할 수 있습니다. 연결부호와 열거부호가 가득한 긴 문장들로 이루어진 문단은 간명한 문체에 치명적입니다. 설교자가 대하는 사람들은 청중이지 독자가 아니라는 사실을 기억하십시오. 잘 "읽히는" 글이라고 해서 항상 "듣기"도 좋은 것은 아닙니다. 독자라면 조금 전에 지나간 문장이나 단락으로 되돌아가 난해한 부분을 다시 생각해 볼 수도 있습니다. 하지만 청중은 한 번 못 들으면 그것으로 끝입니다. 긴 문장들 때문에 청중이 일단 설교의 흐름을 놓치게 되면 그 흐름을 다시 따라 잡기란 거의 불가능하다고 봐야 합니다.

간명한 설교문을 작성하기 위해서는 격언과 정확한 문장을 적절히 사용하는 것이 중요합니다. 이는 아주 중요한 요소입니다. 이런 요소를 바르게 사용하는 것이 얼마나 중요한지는 매튜 헨리Matthew Henry의 주석과 조셉 홀Joseph Hall의 묵상을 읽어 보면 금방 알 수 있습니다. 그 가치에 비해 잘 알려지지 않은 '설교에 관하여Papers on Preaching'에 보면 설교자가 참고해야 할 중요한 격언들이 많이 등장합니다. 몇 가지 예를 들어 보겠습니다. "우리는 지금 우리가 만들고 있는 옷을 영원히

입어야 한다." "지옥에 난 길은 선의good intentions라는 아스팔트로 포장되어 있다." "죄를 떠나는 것만큼 죄를 용서 받은 사람이라는 분명한 증거는 없다." "사람이 어떻게 죽는가는 별로 중요하지 않다. 정말 중요한 것은 어떻게 사는가이다." "사람의 외모나 개성에 대해 참견하지 말라. 다만 죄는 어떤 일이 있어도 용납하지 말라." "모든 사람이 자기 집 앞 도로를 깨끗이 한다면 거리는 금세 깨끗해질 것이다." "허영 가득한 삶은 빚으로 유지된다. 빈 자루가 스스로 설 수 없는 것과 마찬가지다." "기도로 시작한 사람은 찬양으로 그 자리를 떠날 것이다." "반짝인다고 모두 금은 아니다." "신앙이든 일이든 수고하지 않으면 아무것도 얻을 수 없다." "성경에는 양이라도 건널 수 있는 개울이 있는가 하면 코끼리라도 헤엄쳐야 건널 수 있는 깊은 강이 있다." "십자가에 달린 강도가 구원받았다면 누구도 구원 때문에 낙담할 필요는 없다. 하지만 자신도 그럴 수 있을 것이라고 착각하면 안 된다. 그것은 그 사람의 경우다."

이처럼 현저한 대조를 이루어 정곡을 찌르는 유명한

문장들은 설교에 힘과 명쾌함을 더합니다. 이런 격언들을 자신의 것으로 완전히 소화시키십시오. 그리고 분별 있게 잘 사용하십시오. 특히 문단의 마지막을 이런 말들로 정리하면 간명한 설교문을 작성하는 데 큰 도움이 됩니다. 더불어 장문이나 복잡한 문장을 쓰지 않도록 항상 신경을 쓰십시오.

4. 단도직입적인 화법을 쓰십시오.

"나"와 "여러분"과 같이 일인칭과 이인칭을 쓰는 습관을 들이십시오. 이렇게 설교하면 오만하고 독선적인 설교자로 비칠 수는 있습니다. 실제로 그런 소리를 많이 듣습니다. 그래서인지 많은 설교자들이 단도직입적으로 말하기를 꺼려 합니다. "우리"라는 단어를 쓰는 것을 아주 겸손하고 바른 것으로 생각합니다. "'우리'라는 말은 왕과 의회가 써야 할 말이지 설교자가 쓸 말은 아니다"라고 한 빌러즈Villers 감독의 말이 생각납니다. 그는 설교자는 항상 "나"와 "여러분"이라는 말을 써야 한다고 말했습니다. 이 말에 전적으로 동의합니다. 사실 유명한 설교자들이 강단에서 쓰는 "우리"라는 말이 누구를 가리키는지 모르겠습니다. 자기 자신과 감독을 말하는 것일까요? 아니면 자신과 교회를 말하는 것일까요? 아니면 자신과 회중을 말하는 것일까요? 아니면 자신과 초대교부들을 말하는 것일까요? 아니면 자신과 종교개혁자들을 말하는 것일까요? 아니면 자신과 세상의 지혜로운 사람들을 말하는 것일까요? 아니면 누구도 아닌 자기 자신을 말하는 것일까요? 자기 자신을 말하면서 복수 인칭대명사를 쓰는 사람이 어디 있습니까? "나"라는 분명한 말이 있지 않습니까? 교구를 심방하거나 병문안을 가거나 교리문답을 가르치면서 "우리"라고 하지 않습니다. 빵집에서 빵을 주문하고 정육점에서 고기를 사면서 "우리"라고 하지 않습니다. 그렇다면 강단에서도 그렇게 해야 하지 않겠습니까? 자신을 가리키면서 "나"를 쓰지 않고 "우리"를 쓰는 것은 겸손함과 거리가 멉니다. 왜 주일 강단에 서서 "하나님의 말씀을 보는 중에 저는 본문이 이러저러한 것을 말하고 있음을 발견했습니다. 이제 그것을 여러분에게 보여드리겠습니다"라고 하지 않는 것입니까?

　설교자가 "우리"라고 하면 사람들은 누구를 가리키는지 모릅니다. 이 표현은 청중을 헷갈리게 합니다. 그렇게 하지 않고 "이 교회의 목사인 저는 본문이 여러분의 영혼에 대해 말하는 바를 보이려고 지금 이 자리에 섰습니다. 이것은 여러분이 믿고 행해야 할 내용입니다"라고 하면 청중은 설교자가 무슨 말을 하는지, 또 무슨 말을 할 것인지 분명히 압니다. 하지만 일인칭 복수를 써서 "우리"가 행해야 할 일이라고 하면 대부분의 청중은 설교자가 말하고자 하는 바가 무엇인지 모릅니다. 지금 설교자 자신에게 말하고 있는지 그들에게 말하고 있는지 분명하지가 않습니다. 젊은 목회자들은 이 사실을 잘 기억해야 합니다. 가능한 한 직접적으로 설교가 전달되도록 하십시오. 여러분의 설교를 두고 사람들이 이러쿵저러쿵하는 것에 연연하지 마십시오. 이 부분에 있어서만큼은 토머스 차머스나 앤드류 멜빌Andrew Melville을 본받지 마십시오. 아무리 유명한 설교자라도 이런 부분은 따라가지 마십시오. 라티머Latimer 주교가 그런 것처럼, 일인칭 단수를 써서 청중에게 분명히 말하는 습관이 들수록 설교가 더 간결해지고 쉬워집니다. 조지 윗필드 설교의 탁월함은 직접성에 있습니다. 하지만 안타깝게도 이 부분을 그의 설교의 단점으로 이야기하는 것이 우리의 현실입니다.

5. 많은 예화와 일화들을 사용하십시오.

예화는 설교의 주제를 조명하는 빛이 들어오는 창문입니다. 이와 관련해 이야기할 것이 많지만 짧은 글인 만큼 간략하게만 언급하고 지나가겠습니다. "여느 사람의 말과 다르게" 말씀하신 우리 구주 예수 그리스도의 예를 잘 알고 있을 것입니다. 사복음서를 주의해서 살펴보십시오. 주님이 하신 설교마다 얼마나 풍성한 예화들이 있는지 보십시오. 수많은 인물과 비유들이 연이어서 나오지 않습니까! 우리 주님의 눈길이 닿는 것마다 가르칠 교훈들로 넘쳐납니다. 공중 나는 새들, 나락이 익어 가는 들녘, 포도원, 경작하는 농부, 씨 뿌리는 사람, 추수하는 사람, 어부, 목자, 포도원지기, 떡 반죽하는 여인, 들꽃, 풀, 강기슭, 혼인잔치, 무덤 등 이 모든 것이 우리 주님의 교훈을 청중의 마음으로 실어 나르는 데 사용되었습니다. 탕자의 비유, 선한 사마리아인의 비유, 열 처녀의 비유, 아들을 위해 혼인잔치를 준비하는 왕의 비유, 부자와 나사로, 포도원의 농부, 그 외의 모든 이야기들이 다 무엇입니까? 청중의 영혼에 위대한 진리를 전하기 위해 우리 주님이 사용하신 이야기들이 아닙니까? 주님의 모범을 따르십시오.

설교하는 도중에 "들려드릴 이야기가 하나 있습니다"라고 해보십시오. 장담하건대, 청중이 귀를 쫑긋 세우고 말똥말똥한 눈으로 여러분을 바라볼 것입니다. 사람들은 비유, 일화, 잘 짜여진 이야기를 좋아하기 때문에 무슨 이야기인가 하고 집중해서 잘 들을 것입니다. 예화를 얻을 수 있는 소재는 주변에 무궁무진합니다! 자연이라고 하는 도서관이 소장한 모든 책들을 보십시오. 위로 하늘과 아래로 땅을 보십시오. 역사를 보십시오. 지질학과 생물학과 화학과 천문학 같은 자연과학의 모든 분야를 보십시오. 위로 하늘에 있는 것이나 아래로 땅에 있는 모든 것들이 여러분의 복음 메시지에 빛을 던져 줄 것입니다. 라티머 감독의 설교를 읽어 보십시오. 이제까지 설교된 가장 유명한 설교들을 읽어 보십시오. 토머스 브룩스Thomas Brooks, 토머스 왓슨Thomas Watson, 찰스 스윈녹Charles Swinnock 등 청교도들의 설교를 읽어 보십시오. 얼마나 많은 일화와 은유와 예화들을 사용하는지 모릅니다! D. L. 무디Moody의 설교를 들어 보십시오. 그의 설교가 사람들의 이목을 끄는 이유가 무엇입니까? 설교의 주제에 맞는 예화들을 많이 사용하기 때문입니다. 아랍의 속담을 인용해 말하면, 그는 청중의 귀를 눈으로 바꾸는 탁월한 설교자입니다.

시골 교구에서 저는 예화를 사용하려고 할 뿐 아니라, 회중이 일상적으로 볼 수 있는 많은 익숙한 것들로 예화의 소재를 삼으려고 애를 썼습니다. 이를테면, 세상을 창조한 첫 번째 원인이 되는 존재가 있다는 것을 보이려고 한다고 합시다. 이를 위해 때로 제가 가진 시계를 들고 이렇게 말합니다. "이 시계를 좀 보십시오.

얼마나 정교하게 만들어졌습니까! 여러분은 단 한 순간
이라도 이 시계를 구성하고 있는 모든 나사와 톱니바퀴
와 핀들이 우연히 조합되었다고 생각할 수 있겠습니
까? 누군가 이 시계를 만들었다고 생각하는 것이 당연
하지 않습니까? 그렇다면 이 세상 역시 우연히 이루어
진 것이 아니라 누군가가 만든 것이 틀림없습니다. 이
장엄하고 아름다운 행성들이 단 일 초의 어긋남도 없이
각자의 궤도를 따라 정확히 움직이지 않습니까! 여러분
이 살고 있는 이 세상과 그 안에서 일어나는 많은 놀라
운 일들을 보십시오. 그러고도 이런 모든 일들이 우연
히 되었다고 할 것입니까? 이런 세상을 지으신 하나님
이 없다고 할 참입니까?" 때로는 제가 가진 열쇠꾸러미
를 흔들어 보이기도 합니다. 열쇠꾸러미 소리를 들은
회중은 일제히 그 꾸러미를 바라봅니다. 그러면 저는
이렇게 말합니다. "모든 사람이 완전하고 정직하다면
이 열쇠꾸러미가 무슨 필요가 있겠습니까? 하나도 아니
고 이렇게 꾸러미로 가지고 다녀야 할 필요가 없을 것입
니다. 흔들리면서 소리나는 이 꾸러미가 요란하게 말하

고 있는 것이 무엇입니까? 만물보다 부패하고 기만적인 것이 사람의 마음이라고 외치고 있지 않습니까?" 예화는 설교를 단순명료하게 하고 청중이 쉽게 알아듣도록 합니다. 설교할 때 예화를 적절히 사용해 보십시오. 어디서든 필요한 예화거리를 발견하면 그냥 지나치지 마십시오. 그것들을 수집해 놓고 적재적소에 사용해 보십시오. 사물을 은유의 소재로 사용할 수 있는 눈을 가진 설교자는 복됩니다. 예화들을 잘 기억했다가 적절하게 사용할 수 있는 설교자는 복됩니다. 설교자가 진정 하나님의 사람이고 설교를 어떻게 전달할지 안다면, 텅 빈 예배당 벽이나 장의자를 보고 설교할 일은 없을 것입니다.

하지만 여기에도 주의할 점이 있습니다. 예화를 적절하게 사용해야 합니다. 자연스럽게 이야기하는 것이 익숙지 않은 사람은 예화를 사용하지 않는 것이 좋습니다. 다시 말하지만 예화는 설교에 유익을 줍니다. 하지만 지나치게 많이 예화를 사용하면 오히려 역효과를 가져옵니다. 유명한 웨일스 설교자인 크리스마스 에반스

Chrismas Evans가 좋은 예입니다. 그가 거라사에서 귀신이 들어간 돼지 떼가 호수로 치달아 몰사한 본문을 가지고 설교한 기록이 있습니다. 여기에 보면 이 장면을 돼지 떼를 치는 종과 주인의 대화를 너무 인위적으로, 지나치게 상세하게 묘사하는 바람에 아주 이상한 장면이 연출되고 맙니다. "주인님, 큰일 났습니다! 돼지 떼가 전부 사라졌습니다!" "다 어디로 갔단 말이냐?" "모두 호수로 뛰어들었습니다." "누가 그렇게 했느냐?" "오 주인님, 이상한 사람이 나타나서 그렇게 만들었습니다." "그가 어떻게 했느냐?" "그 사람이 와서 잘 알아듣기 힘든 이상한 말을 하자 별안간 돼지 떼가 가파른 내리막길을 치달아 호수로 뛰어들었습니다." "그 늙은 검은 돼지도 그렇게 됐느냐?" "예, 그 돼지도 같이 사라졌습니다. 갑작스러운 상황에 넋을 잃고 호수 쪽을 둘러보는데 가파른 벼랑 끝으로 그 돼지의 꼬리 같은 까만 것이 보였습니다. 그 돼지도 함께 물속으로 치달은 것이 분명합니다." 이 경우는 예화를 지나치게 사용한 것입니다. 또 다른 예를 들면 윌리엄 거스리William Guthrie

의 탁월한 설교들도 종종 예화가 지나쳐서, 자두만 많고 밀가루는 거의 없는 자두파이를 떠올리게 합니다. 최선을 다해 여러분의 설교가 본문에 맞는 다양한 색채로 빛나는 훌륭한 그림이 되게 하십시오. 하늘과 땅, 역사, 과학 등 주변의 만물과 모든 재료들로부터 감미로운 빛을 끌어다 비추게 하십시오. 하지만 여기에도 절제가 필요합니다. 어떻게 채색을 할지 신중을 기해야 합니다. 설교를 돕기보다 방해가 되도록 해서는 안 됩니다. 설교를 예화로 너무 두껍게 덧칠해서는 안 됩니다. 단순명료한 설교를 위한 채색은 반드시 필요하고 큰 도움이 됩니다. 하지만 절대 지나쳐서는 안 됩니다.

단순명료한 설교를 위한 다음 다섯 가지 지침들을 잘 기억하십시오.

1. 설교하고자 하는 본문과 주제에 대해 분명히 이해하고 있어야 합니다.

2. 가장 단순한 말을 사용해야 합니다.

3. 가급적 짧은 문장을 사용하고 열거부호를 최소화

함으로 문체를 단순화시켜야 합니다.

4. 직접적인 화법을 구사해야 합니다.

5. 적재적소에서 예화와 일화를 사용하십시오.

여기에 한 가지만 덧붙이고자 합니다. **단순명료한 설교를 하기 위해서는 많은 수고를 해야 합니다. 산고와 같은 어려움이 따를 수밖에 없습니다.** 이는 제 경험을 말씀드리는 것입니다. 위대한 화가인 윌리엄 터너William Turner에게 도대체 어떻게 그렇게 색을 잘 배합할 수 있는지, 어떻게 자기만의 색깔을 잘 찾을 수 있는지를 물어보았습니다. 그는 이렇게 대답했습니다. "골똘이 생각하면서 섞어 보고, 섞어 보고, 또 섞어 보는 것 외에는 다른 방법이 없습니다." 그의 말에 전적으로 동의합니다. 설교도 마찬가지입니다. 진액을 짜는 수고와 어려움을 지나야 우리가 바라는 설교를 할 수 있습니다.

아직 경험이 없는 한 젊은 목사가 리처드 세실Richard Cecil에게 이렇게 말한 적이 있습니다. "저에게는 믿음이 더 필요한 것 같습니다." 그러자 지혜로운 세실은 이렇게 말합니다. "아닐세, 자네에게 필요한 것은 더 큰 믿음이 아니라 더 많은 수고와 노력이네. 자네가 준비되지 못해도 하나님께서 믿음을 통해 자네에게 역사하실 것이라는 생각은 버려야 하네." 젊은 목회자들이 새겨들어야 할 대목입니다. 간곡히 부탁합니다. 설교문을 작성하기 위한 수고와 노력을 아끼지 마십시오. 어떻게 해서라도 시간을 내십시오. 설교에 유익한 자료와 책들을 계속해서 읽어서 여러분의 지성을 훈련시켜야 합니다.

설교를 위해 초대교부들의 저작을 읽으라고 권하고 싶지는 않습니다. 물론 교부들의 저작을 읽는 것은 나름대로 큰 의미가 있지만, 들인 시간만큼 많은 도움이 되지는 않을 것입니다. 신중하게 선택해서 읽기만 한다면 설교에는 오히려 현대의 저작들이 도움이 됩니다.

좋은 본이 되는 설교자들의 설교를 읽으십시오. 그래서 단순명료한 설교들에 익숙해지십시오. 가장 탁월한 모범은 성경입니다. 우리말로 기록된 성경을 읽으면 말하는 데도 큰 도움이 됩니다. 존 번연의 불멸의 저작인 「천로역정」을 읽으십시오. 단순명료하게 설교하는 것을 배우고 싶다면 이 책을 읽고 또 읽으십시오. 청교도들의 저작을 읽으십시오. 물론 어떤 청교도의 저작은 읽기 어렵고 이해하기도 쉽지 않은 것이 사실입니다. 이들의 저작이 설교자에게 엄청난 도움이 되지만 말입니다. 리처드 백스터와 토머스 왓슨, 로버트 트레일Robert Trail, 존 플라벨John Flavel, 스테판 차녹Stephen Charnock, 조셉 홀, 매튜 헨리 등의 저작을 읽으십시오. 이들의 저작은 단순명료한 영어의 정수를 보여줍니다. 하지만 해가 감에 따라 언어도 변한다는 사실을 기억하십시오. 그들도 영어를 썼고 우리도 쓰고 있지만 문체는 서로 다릅니다. 그러므로 현대 저작들을 읽으십시오. 지난 백 년 동안 가장 탁월한 현대 영어 작가로는 정치적 급진주의자인 윌리엄 코베트William Cobbett가 있습니다. 이제까지 살펴본 사람들 중에 가장 간명한 색슨 계통의 영어를 사용한 사람입니다. 오늘날에는 존 브라이트John Bright보다 더 간명한 구어 영어를 구사하는 사람을 보지 못했습니다. 나이가 들긴 했지만 정치

연설가 중에는 채담Chatham 경과 미국인인 페트릭 헨리 Patrick Henry만큼 좋은 영어를 구사하는 사람도 없을 것입니다. 마지막으로 영어에 있어서 성경 다음으로 셰익스피어의 저작만큼 단순명료하고 유려한 영어 작품을 보지 못했습니다. 단순명료한 설교를 배우고 싶다면 이런 좋은 모범들을 부지런히 읽고 연구해야 합니다. 다른 한편으로는 가난한 사람들과 대화할 기회를 자주 가지십시오. 회중의 가정을 집집마다 찾아가십시오. 난롯가에 둘러앉아 모든 주제에 대해 서로의 생각을 주고받으십시오. 그들로 여러분의 설교를 알아듣게 하려면 먼저 그들의 생각과 표현을 알아야 합니다. 그렇게 함으로써 단순명료한 설교를 위해 필요한 많은 것들을 자연스럽게 체득합니다. 강단에서 무엇을 어떻게 말해야 할지에 대한 자료들을 계속해서 얻을 수 있을 것입니다.

한 겸허한 시골 목사가 "목사님은 우리 교회의 아버지들에 대해 좀 아시나요?" 하는 질문을 받았습니다. 덕망 있는 이 목사는 자신이 방문했을 때 아버지들은 주로 들에 나가 일을 하고 있어서 원하는 만큼 그들과 이야기할 기회를 얻지는 못했다고, 하지만 덕분에 어머니들과 이야기를 많이 하게 되어서 교회의 어머니들에 대해서는 조금 안다고 대답했습니다.

위트로 한 대답이든 아니든 간에, 이 목사의 말은 일리가 있습니다. 사실 우리가 말하는 핵심을 잘 짚고 있습니다. 교회 회중에게 어떻게 설교해야 할지를 알기 위해서는 교회 밖에서 회중과 이야기하는 시간을 자주 가져야 합니다.

결론

이제 결론으로 몇 가지만 더 말씀드리겠습니다.

1. 어떤 내용으로 어느 강단에서 설교하든, 단순한 설교든 아니든, 설교문을 작성해서 하든 즉흥적인 설교를 하든, 설교자는 한 번 반짝하고 마는 설교가 아니라 영혼에게 유익으로 남을 설교를 해야 합니다!

흥분해서 보란 듯이 설교하지 않도록 조심해야 합니다. "고상한" 설교, "기발한" 설교, "독창적인" 설교, "인기 있는" 설교는 회중에게 아무런 영향을 주지 못하는 설교로 드러나는 때가 많습니다. 사람들을 예수 그리스도께로 이끌지 못하는 경우가 많습니다. 그러므로 우리는 진정 회중의 시각과 양심과 마음이 알아듣는 설교를 해야 합니다. 이들로 하여금 그 알아들은 것들을 생각하고 숙고하도록 이끄는 설교를 해야 합니다.

2. 예수 그리스도의 복음을 모든 사람이 알아들을 수 있을 만큼 온전하고도 분명하게 설교하지 못하면 아무리 단순한 설교라도 아무런 유익을 주지 못합니다.
여러분이 "십자가에 달리신 그리스도"를 분명히 선포하지 못하면 "죄"가 제대로 드러날 수 없습니다. 여러분의 회중은 마땅히 믿고 행해야 할 바를 분명히 증거받지 못합니다. 결국 여러분의 설교는 아무런 유익이 없습니다!

3. 설교를 생명력 있게 전달하지 않으면, 다시 말하지만, 아무리 단순하고 간명한 설교라도 유익이 없습니다.
설교하는 내내 고개를 숙이고 말한다거나 앵앵거리는 벌처럼 단조롭고 지루하게 웅얼거리는 소리로 설교문을 읽어 내려가면 사람들은 여러분이 무엇을 말하는지를 도무지 알아듣지 못할 것입니다. 여러분의 설교는 무익한 설교가 되고 맙니다. 분명한 사실은, 오늘날 교회에 설교의 전달에 대한 이해가 아주 빈약하다는 것입니다. 설교학과 관련된 다른 모든 것과 마찬가지로 설교의 전달 역시 영국 교회에 아주 취약한 부분이라고 생각합니다. 저는 뉴포레스트에서 혼자 설교를 시작했기 때문에 제 설교의 잘잘못을 지적해 줄 사람이 없었습니다. 처음 일 년은 매 주일이 설교 실험의 연속이었다고 해도 과언이 아닙니다. 이 부분에 관한 한 옥스퍼드와 캠브리지는 아무런 도움이 안 됩니다. 설교를 위한 훈련 체계가 없는 것은 영국 교회의 하나의 큰 결함이자 오점입니다.

4. 성령이 부어지고, 하나님의 복이 임하고, 우리가 하는 설교에 어떤 식으로든 생명의 열매가 맺히기를 위해 기도하지 않으면 아무리 단순명료한 설교라도 유익이 없습니다.

설교자로서 예수 그리스도의 복음을 단순명료하게 설

교하기 위해 힘쓰고 애쓰는 가운데, 사람들의 영혼이 구원받고 자라가기를 간절히 열망해야 합니다. 거룩한 삶과 열렬한 기도가 단순명료한 설교를 떠받치고 있어야 한다는 사실 또한 절대 잊지 말아야 합니다!